Box Braids

Ideen & Inspirationen

Impressum

Für Fragen und Anregungen: 27AmigosVerlag@gmail.com

L. Willnauer
Marktstrasse 10
80802 München

Texte vom Autor und teilweise aus: Wikipedia, Die freie Enzyklopädie. URL: https://de.wikipedia.org/

Printed in the EU

ISBN 978-3-7505-1348-8

Bildnachweise

Valentin Mosichev, shutterstock.com; Dan Kosmayer, shutterstock.com; Tatiane Silva, shutterstock.com; Matthias G. Ziegler, shutterstock.com; Dzina Belskaya, shutterstock.com; gorgeoussab, shutterstock.com; gorgeoussab, shutterstock.com; gorgeoussab, shutterstock.com; PhotoSunnyDays, shutterstock.com; frantic00, shutterstock.com; gorgeoussab, shutterstock.com; gorgeoussab, shutterstock.com; gorgeoussab, shutterstock.com; gorgeoussab, shutterstock.com; gorgeoussab, shutterstock.com; gorgeoussab, shutterstock.com; gorgeoussab, shutterstock.com; komokvm, shutterstock.com; Tatiane Silva, shutterstock.com; Tatiane Silva, shutterstock.com; gorgeoussab, shutterstock.com; ZARIN ANDREY, shutterstock.com; schankz, shutterstock.com; Igor Link, shutterstock.com; Dmitriev Mikhail, shutterstock.com; Dmitry Morgan, shutterstock.com; gorgeoussab, shutterstock.com; gorgeoussab, shutterstock.com; gorgeoussab, shutterstock.com; Tatiane Silva, shutterstock.com; AlexanDior, shutterstock.com; Tatiane Silva, shutterstock.com; eduard isaev, shutterstock.com; Ranta Images, shutterstock.com; gorgeoussab, shutterstock.com; Kristina Kokhanova, shutterstock.com; Rawpixel.com, shutterstock.com; AntGor, shutterstock.com; NomadCam, shutterstock.com; Tatiane Silva, shutterstock.com

Made in United States
North Haven, CT
01 September 2024